사이언스 리더스
전화기를 발명한
알렉산더 벨

바버라 크레이머 지음 | 김미선 옮김

비룡소

바버라 크레이머 지음 | 어린이와 청소년을 위해 과거의 역사 속 인물부터 오늘날 우리 주변에서 활약하는 사람들까지 다양한 인물들의 삶을 이야기로 풀어내는 작가이다.

김미선 옮김 | 중앙대학교 사학과 졸업 후 미국 마켓 대학교에서 커뮤니케이션으로 석사 학위를 받았다. 현재 어린이·청소년 책 출판 기획 및 전문 번역가로 활동하고 있다. 옮긴 책으로 『딸에게 보내는 인문학 편지』, 『런던의 마지막 서점』, 『어쩌다 고고학자들』, 『기네스 세계 기록 2025』 등이 있다.

이 책은 캐나다 알렉산더 그레이엄 벨 국립 사적지에서
감수하였습니다.

**내셔널지오그래픽 키즈 사이언스 리더스
LEVEL 2 전화기를 발명한 알렉산더 벨**

1판 1쇄 찍음 2025년 10월 20일 1판 1쇄 펴냄 2025년 11월 14일
지은이 바버라 크레이머 옮긴이 김미선 펴낸이 박상희 편집장 전지선 편집 김지호 디자인 신현수
펴낸곳 (주)비룡소 출판등록 1994.3.17.(제16-849호) 주소 06027 서울시 강남구 도산대로1길 62 강남출판문화센터 4층
전화 02)515-2000 팩스 02)515-2007 홈페이지 www.bir.co.kr 제품명 어린이용 반양장 도서 제조자명 (주)비룡소
제조국명 대한민국 사용연령 3세 이상 ISBN 978-89-491-6967-5 74400 / ISBN 978-89-491-6900-2 (세트)

NATIONAL GEOGRAPHIC KIDS READERS LEVEL 2
ALEXANDER GRAHAM BELL by Barbara Kramer
Copyright © 2015 National Geographic Partners, LLC.
Korean Edition Copyright © 2025 National Geographic Partners, LLC.
All rights reserved.
NATIONAL GEOGRAPHIC and Yellow Border Design are trademarks of the
National Geographic Society, used under license.
이 책의 한국어판 저작권은 National Geographic Partners, LLC.에 있으며, (주)비룡소에서 번역하여 출간하였습니다.
저작권법에 의해 한국 내에서 보호를 받는 저작물이므로 무단 전재와 무단 복제를 금합니다.

사진 저작권 Cover, Harris And Ewing/National Geographic Creative; cover (background), Mansell/Mansell/Time & Life Pictures/Getty Images; top border of page (throughout), Seamartini Graphics/Shutterstock; vocabulary box art, Svetlana Prikhnenko/Shutterstock; 1, The Print Collector/Print Collector/Getty Images; 4, Bell Collection/National Geographic Creative; 5, Stock Montage/Stock Montage/Getty Images; 6, Bell Collection/National Geographic Creative; 7, Bell Collection/National Geographic Creative; 8, Bell Family/National Geographic Creative; 9, Dr. Gilbert H. Grosvenor/National Geographic Creative; 10 (UP), Hulton Archive/Getty Images; 10 (LO), Liszt Collection/Heritage Images/Getty Images; 11 (UP), Oxford Science Archive/Print Collector/Getty Images; 11 (LO), Doug Pearson/JAI/Corbis; 13, Bell Collection/National Geographic Creative; 14, SSPL/Getty Images; 15, Bell Homestead National Historic Site, Brantford, Ontario, Canada; 16, Bell Collection/National Geographic Creative; 17, Bell Family/National Geographic Creative; 18, Ryan McVay/Photodisc/Getty Images; 19, The Granger Collection, NYC—All rights reserved; 20 (UP), picturelibrary/Alamy; 20 (LO), Underwood & Underwood/Corbis; 21, Bettmann/Corbis; 22, The Granger Collection, NYC—All rights reserved; 23, The Granger Collection, NYC—All rights reserved; 24-25 (Background), ZanyZeus/Shutterstock; 24 (CTR), Bell Collection/National Geographic Creative; 24 (CTR), Dr. Gilbert H. Grosvenor/National Geographic Creative; 24 (LO), Universal History Archive/Getty Images; 25 (UP), Gilbert H. Grosvenor Collection of Photographs of the Alexander Graham Bell Family/Library of Congress; 25 (UP LE), Bell Collection/National Geographic Creative; 25 (CTR LE), Anastasija Popova/Shutterstock; 25 (CTR RT), Time Life Pictures/Mansell/The LIFE Picture Collection/Getty Images; 25 (LO), Bell Collection/National Geographic Creative; 26 (UP), Visions of America/UIG via/Getty Images; 26 (LO), Gilbert H. Grosvenor Collection of Photographs of the Alexander Graham Bell Family/Library of Congress; 26-27, dencg/Shutterstock; 27, National Geographic/National Geographic Creative; 28, Bell Collection/National Geographic Creative; 28-29, dencg/Shutterstock; 30 (UP), Doug Pearson/JAI/Corbis; 30 (CTR), Dr. Gilbert H. Grosvenor/National Geographic Creative; 30, Bell Collection/National Geographic Creative; 31 (UP), The Granger Collection, NYC—All rights reserved; 31 (CTR RT), iconeer/iStockphoto; 31 (CTR LE), Buyenlarge/Getty Images; 31 (LO), Miljan Mladenovic/Shutterstock; 32 (UPLE), Bell Collection/National Geographic/Getty Images; 32 (UPRT), Monkey Business Images/Shutterstock; 32 (CTR LE), Universal History Archive/Getty Images; 32 (CTR RT), huyangshu/Shutterstock; 32 (LOLE), Bell Collection/National Geographic Creative; 32 (LORT), pirita/Shutterstock

이 책의 차례

전화를 만든 발명가 4
스코틀랜드의 소년 6
탐구는 벨의 힘 8
벨이 살던 시대에는… 10
젊은 선생님 12
새로운 나라로 14
굉장한 생각 18
드디어 전화를 선보이다! 22
벨에 관한 7가지 멋진 사실 24
새로운 모험 26
다른 이들을 도우며 28
도전! 알렉산더 벨 박사 30
이 용어는 꼭 기억해! 32

전화를 만든 발명가

전화가 없는 세상을 상상할 수 있니?
전화기가 없다면 신나는 일이 생겨도
친구에게 전화를 걸거나 문자 **메시지**를 보낼
수 없을 거야. 집에 갈 때 엄마 아빠에게
데리러 오라고 전화하고
싶어도 할 수 없겠지.
알렉산더 그레이엄 벨 덕분에
지금 우리는 전화를 쓰며
편리하게 살 수 있어.

과학자 용어 풀이
메시지: 언어나 기호를 통해 전달하는 정보.

벨의 한마디
"발명가는 세상을 바라보며 지금 있는 것에 만족하지 않는다. 자신이 본 것을 더 좋게 만들고 싶어 한다."

스코틀랜드의 소년

알렉산더 벨은 1847년 3월 3일, 영국 스코틀랜드의 에든버러에서 태어났어. 삼 형제 중 둘째였지. 벨의 할아버지도 아버지도 이름이 벨과 똑같은 알렉산더였어. 그래서 벨은 알렉이라는 별명으로 불렸대.

벨의 할아버지와 아버지는 말하기 교사였어.

열다섯 살 때의 벨

깜짝 인물 정보

벨은 열한 살 때 '알렉산더' 뒤에 '그레이엄'이라는 이름을 스스로 덧붙였어. 벨의 부모님은 벨이 지은 이름을 좋아하셨대.

Q 잠자는 양과 잠자는 말을 네 글자로 줄이면? **A** 수면양마

두 분 다 사람들이 또박또박 말할 수 있도록 가르치고 돕는 일을 했지.

벨의 어머니인 엘리자는 소리를 거의 듣지 못했어. 그래서 잘 듣기 위해 '**환기관**'이라는 기구를 사용했어.

과학자 용어 풀이
환기관: 소리를 귀 안으로 모아 주는 나팔 모양 기구.

아버지와 할아버지 곁에 있는 어린 벨(오른쪽)

탐구는 벨의 힘

벨은 어렸을 때 음악을 좋아했어. 노래를 듣고 나면 바로 앉아서 피아노로 똑같이 칠 수 있었어. 자신이 들은 음악을 그대로 기억할 수 있었거든. 그런 다음 음악을 다시 연주할 줄 알았지.

벨은 과학도 좋아했어. 조개껍데기와 새알, 나비, 벌레를 모으곤 했지. 나중에는 개구리와 쥐처럼 작은 동물의 뼈대도 모았어.

벨은 평생 음악을 연주했어.

로열 고등학교

어머니는 벨이 열 살이 될 때까지 집에서 공부하게 했어. 벨은 열한 살에 처음으로 학교에 다니게 되었어. 에든버러의 로열 고등학교에 들어간 거야. 그리고 열네 살에 학교를 졸업했어.

깜짝 인물 정보

벨은 열한 살 때 첫 발명품을 만들었어. 밀의 낟알에서 겉껍질을 벗기는 기계였지.

벨이 살던 시대에는…

벨이 어린 시절을 보냈던 1850년대의 영국 스코틀랜드는 지금과 많은 것이 달랐어.

장난감

남자아이들은 구슬치기를 하고, 여자아이들은 줄넘기를 하며 놀았어. 남자아이와 여자아이 모두 굴렁쇠를 굴리며 길을 따라 뛰기도 했지.

교통수단

사람들은 걷거나 말을 타고 다녔어. 수레나 마차를 타기도 했지. 부유한 사람들은 증기선과 기차를 타고 여행할 수 있었어.

학교

에든버러에는 학교에 다니지 못하는 가난한 아이들이 많았어. 그 아이들은 광산과 공장에서 일하며 돈을 벌어 가족들을 도왔지.

통신수단

가장 빨리 연락할 수 있는 수단은 전신이었어. 전신 기계는 전기를 이용하여 메시지를 한 곳에서 다른 곳으로 보냈지. 메시지를 부호로 바꾸어 전기 신호로 보내는 거야.

역사

에든버러는 두 구역으로 나뉘었어. 오래된 마을인 구시가지는 바위 절벽을 따라 쭉 뻗어 있었어. 유명한 에든버러성은 도시를 내려다보는 절벽 맨 위에 세워졌지. 벨은 신시가지 구역에 살았어.

젊은 선생님

1863년에 벨은 말하기와 음악을 가르치는 일을 시작했어. 그때 벨의 나이가 열여섯 살이었지. 몇몇 학생은 선생님인 벨보다 나이가 많았대!

벨은 아버지가 만든 **가시 음성** 체계를 연구했어. 말할 때 움직이는 입과 혀, 입술의 위치를 **기호**로 나타낸 것이 가시 음성 체계야. 벨은 아버지가 사람들 앞에서 가시 음성이 무엇인지 설명할 때 **실연**하는 일을 도와드렸어.

과학자 용어 풀이

가시: 눈으로 볼 수 있는 것.

음성: 사람의 목소리나 말소리.

기호: 어떠한 뜻을 나타낼 수 있는 문자나 그림.

실연: 실제로 해서 보여 주는 일.

가시 음성 체계에서 쓰는 기호 표

벨과 벨의 아버지는 가시 음성 체계가 청각 장애인이 말하는 법을 배우는 데 도움이 된다고 믿었어.

새로운 나라로

벨의 가족은 1865년에 영국 런던으로 이사했어. 벨은 런던에서 공부하며 학생들을 가르쳤어. 어떤 학교에서는 아버지가 만든 가시 음성 체계로 청각 장애가 있는 아이들을 가르치기도 했어.

1867년, 안타깝게도 벨의 동생이 폐**질환**으로 세상을 떠났어. 3년 후에는 벨의 형마저 같은 병으로 목숨을 잃었지.

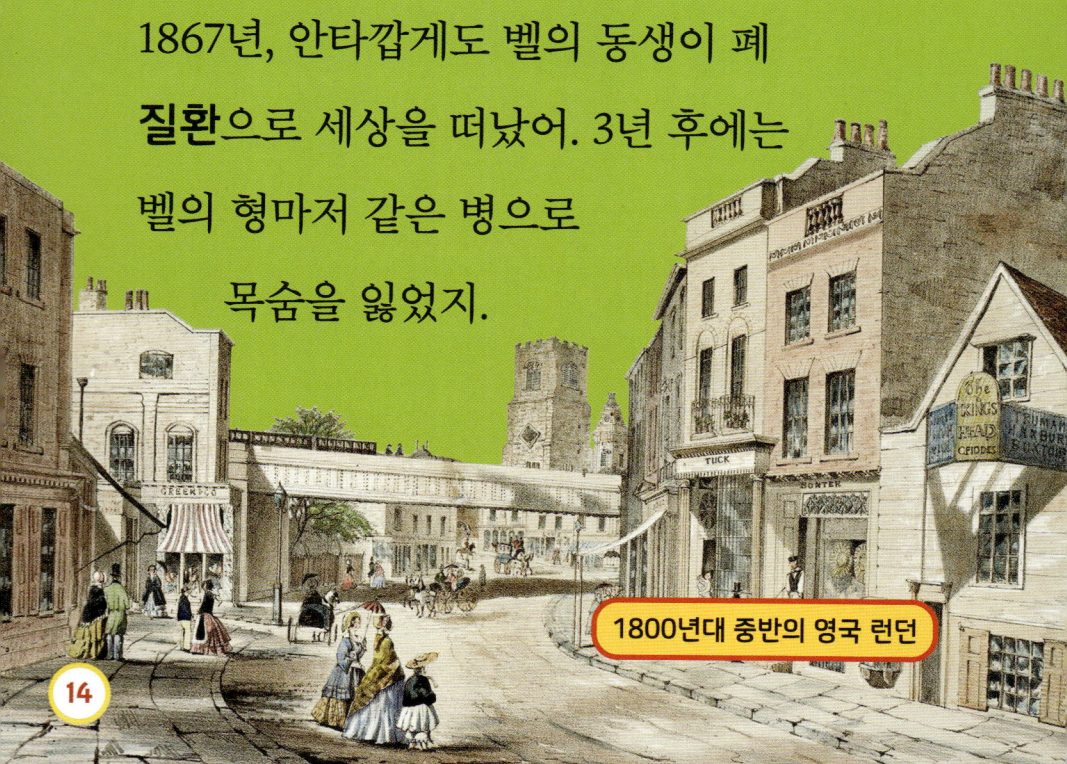

1800년대 중반의 영국 런던

캐나다 온타리오주에 있는 벨 가족의 집

벨의 부모님은 두 아들을 잃은 이유가 대도시의 **오염** 때문이라고 생각했어.

1870년, 벨과 부모님은 배를 타고 캐나다로 떠났지. 벨 가족은 온타리오주에 새 보금자리를 마련했어. 벨의 아버지는 온타리오주의 신선하고 맑은 공기를 마음에 들어 했어.

과학자 용어 풀이

질환: 몸에 생기는 병.

오염: 더럽고 안전하지 않은 것.

보스턴에서 가르친 학생들과 함께 있는 벨 (윗줄 오른쪽)

벨의 아버지는 미국 매사추세츠주의 보스턴으로 여행을 떠났어. 그리고 그곳에서 청각 장애인 학교의 교장 선생님을 만났지. 그 학교에서는 새 선생님을 구하고 있었어. 벨의 아버지는 아들 벨이 그 일에 제격이라고 말했어. 1871년에 벨은 보스턴의 청각 장애인 학교에서 학생들을 가르치기 시작했어.

| Q 밤낮을 가리지 않고 일하는 것은? | 시계 A |

보스턴에는 발명가들이 많았어. 벨도 무엇을 발명할까 여러 가지로 생각하고 있었지. 벨은 낮에는 학생들을 가르치고, 밤에는 늦은 시간까지 발명하는 일에 푹 빠졌어. 덕분에 벨은 늘 잠잘 시간이 모자랄 정도였어.

발명품의 밑그림을 그려 놓은 벨의 공책 중 한쪽

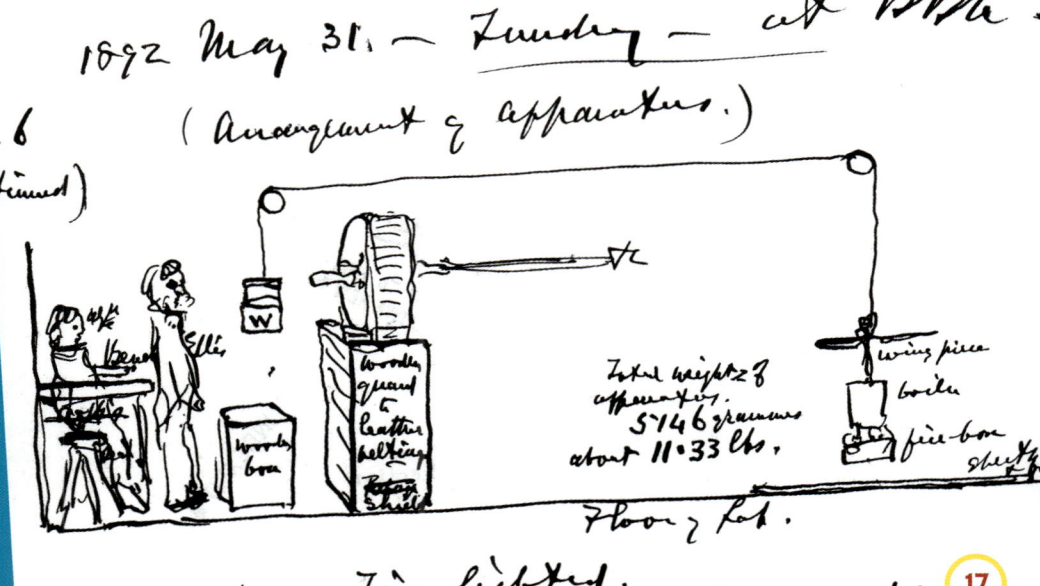

굉장한 생각

전신 기계

그 당시에 전신은 가장 빨리 메시지를 보낼 수 있는 수단이었어. 그러나 전신 한 번에 메시지 한 개를 보낼 수 있었지. 벨은 전신의 속도를 더 빠르게 만들고 싶었어. 많은 메시지도 한 번에 빠르게 보낼 방법을 찾으려 했지.

벨에게 좋은 생각이 떠올랐어. 목소리가 전선을 타고 이곳에서 저곳으로 갈 수 있다면 어떨까? 말하기는 쓰기보다 더 빠르니까 말이야.

| Q 가장 뜨거운 전화는? | 불이 났전화. A |

벨은 무엇인가를 만드는 일에 서툴렀어. 그래서 벨이 그린 밑그림이나 설계도를 보고 실제로 작동하는 기계로 만들어 줄 사람이 필요했지. 1875년 1월, 토머스 왓슨이 벨의 조수가 되었어.

연구실에 있는 벨(왼쪽)과 조수 왓슨(오른쪽)

벨의 한마디

"성공하지 못한 실험이란 없다. 모든 실험은 교훈을 담고 있다."

벨과 왓슨은 하나를 만든 다음에 또 다른 것을 시도했어. 그렇게 만든 기계는 대부분 작동하지 않았지. 하지만 두 사람은 전화를 만드는 실험을 포기하지 않았어.

전화 발신기

전화 수신기

| Q 전화로 세운 건물은? | 룰세숙빌딩. A |

일 년이 훨씬 지난 1876년 3월 10일, 벨은 또 실험을 준비했어. 벨이 기계에 대고 외쳤어.
"왓슨, 이리 와 보게. 자네가 필요해."
이때 왓슨은 다른 방에 있었어. 잠시 후 왓슨이 벨의 방으로 달려와 놀라운 소식을 전했어. 벨의 목소리를 전선을 통해 들었으니까! 이때가 가장 처음으로 전화 통화가 이루어진 순간이야.

1877년 보스턴에서 함께 일하고 있는 벨과 왓슨

드디어 전화를 선보이다!

1876년 6월, 벨은 미국 펜실베이니아주의 필라델피아에서 열린 세계 **박람회**에서 전화를 공개했어. 벨이 전화로 통화하는 것을 본 사람들은 무척이나 놀라워했어.

많은 사람들 앞에서 전화기에 대고 말하는 벨

벨 전화 회사

사람들이 전화를 써 보려고 줄지어 섰어.

일 년 후, 벨은 다른 세 사람과 함께 벨 전화 회사를 세웠어. 벨 전화 회사는 사람들이 집과 일터에서 전화를 쓰게 해 주고 요금을 받았어.

과학자 용어 풀이

박람회: 온갖 물품을 모아 벌여 놓고 여러 사람에게 선보이는 모임.

벨에 관한 7가지 멋진 사실

1

벨은 열다섯 살 때 형과 함께 고무, 깡통, 나무를 가지고 말하는 해골을 만들었어.

2

벨은 메이블 허바드와 결혼했어. 메이블은 벨의 학생 중 한 명이었어. 어릴 때 열병을 앓고 청력을 잃어서 듣지 못했어.

3

벨의 연구실에는 부엉이 그림이 걸려 있었어. 벨의 아내가 밤늦게까지 일하던 벨을 놀리려고 준 그림이래.

4 벨은 비행에도 관심이 아주 많았어. 비행에 대해 더 알려고 거대한 연을 여러 모양으로 만들었어.

5 벨은 말을 훈련하는 솜씨가 뛰어났어. 벨이 손뼉을 한 번 치면, 말은 벨을 연구실로 데려갔어. 손뼉을 두 번 치면 "집으로 가라."는 뜻이었대.

6 1915년 1월 25일, 벨은 뉴욕주에서 캘리포니아주로 전화를 걸었고, 처음으로 미국 땅을 가로지르는 통화에 성공했어.

7 벨에게는 손자가 10명 있었는데, 손자들이 새로운 생각을 탐구하도록 격려했어. 아이들이 할 수 있는 실험을 100가지 넘게 만들어 주었대.

새로운 모험

캐나다 케이프브레턴섬에 있는 벨 가족의 별장

벨과 벨의 가족은 1879년에 미국 수도인 워싱턴 디시로 이사했어. 벨은 연구소를 세우고 다른 발명을 연구하기 시작했어.

1847년
3월 3일 영국 에든버러에서 태어나다.

1858년
첫 번째 발명품을 만들다.

1862년
형과 함께 말하는 기계를 만들다.

깜짝 인물 정보

1877년, 러더퍼드 B. 헤이스 미국 대통령이 백악관에 최초로 전화기를 놓았어. 하지만 헤이스가 전화를 많이 받지는 못했어. 당시에 전화기가 있는 사람이 별로 없었기 때문이야.

1898년에 벨은 미국 지리학 협회의 회장이 되었어. 회장이 된 벨은 전 세계 곳곳의 사진과 지도를 넣어 《내셔널 지오그래픽》 잡지를 더욱 좋게 만들었어.

1888년 10월에 발행된 《내셔널지오그래픽》 1호

1863년
말하기와 음악을 가르치는 선생님이 되다.

1870년
캐나다 온타리오주로 사는 곳을 옮기다.

1871년
미국 매사추세츠주 보스턴의 청각 장애인 학교에서 가르치다.

다른 이들을 도우며

벨이 헬렌 켈러(왼쪽)와 함께한 모습. 헬렌 켈러는 청각 장애와 언어 장애를 모두 극복한 여성이야.

1876년
3월 10일 조수에게 처음으로 전화를 걸어 통화하다.

1877년
7월 11일 메이블 허바드와 결혼하다.

알렉산더 벨은 1922년 8월 2일에 세상을 떠났어. 벨을 기리기 위해 미국 전국에서 1분 동안 전화가 멈추었어.

벨은 결코 실험을 쉬지 않았어. 또 평생 다양한 방법으로 남을 도왔어. 들을 수 없는 사람이 말할 수 있게 가르쳤어. 벨의 전화는 우리가 의사소통하는 방식을 바꾸었어. 사람들이 더 편하게 살 수 있게 해 주었지. 그래서 벨은 오래도록 기억할 발명가이자 선생님으로 손꼽혀.

1879년
워싱턴 디시로 이사하다.

1915년
처음으로 미국을 가로질러 전화 걸기에 성공하다.

1922년
8월 2일 세상을 떠나다.

도전! 알렉산더 벨 박사

아래 퀴즈를 풀면서 내용을 확인해 보자!

알렉산더 그레이엄 벨은 어디에서 태어났어?
A. 온타리오주
B. 에든버러
C. 보스턴
D. 런던

벨이 처음 만든 발명품은 무엇일까?
A. 전신
B. 말하는 기계
C. 전화기
D. 밀알의 겉껍질을 벗기는 기계

벨은 몇 살 때부터 말하기와 음악을 가르치기 시작했어?
A. 열여섯 살
B. 열여덟 살
C. 스물한 살
D. 스물다섯 살

4
벨이 전화기를 발명하기 전까지, 가장 빨리 연락할 수 있는 수단은 _____ 이었어.
A. 전자 우편
B. 증기선
C. 전신
D. 기차

5
벨이 처음으로 미국을 가로질러 전화를 걸어서 통화에 성공한 해는 언제일까?
A. 1876년
B. 1915년
C. 1920년
D. 1922년

6
1876년에 벨이 전화를 선보였던 박람회가 열린 곳은 어디일까?
A. 보스턴
B. 뉴욕
C. 워싱턴 디시
D. 필라델피아

7
백악관에 최초로 전화를 놓은 미국 대통령은 누구일까?
A. 링컨
B. 가필드
C. 헤이스
D. 잭슨

정답: 1.B, 2.D, 3.A, 4.C, 5.B, 6.D, 7.C

실연
실제로 해서 보여 주는 일.

질환
몸에 생기는 병.

환기관
소리를 귀 안으로 모아 주는 나팔 모양 기구.

오염
더럽고 안전하지 않은 것.

이 용어는 꼭 기억해!

기호
어떠한 뜻을 나타낼 수 있는 문자나 그림.

가시
눈으로 볼 수 있는 것.